DISCOURS

PRONONCÉS

Par MM.

E.-Melchior de Vogüé, de l'Académie française,
Tatistcheff, Souvorine, E. de Roberty. Bonnat, de l'Institut,
Émile Zola, Anatole Leroy-Beaulieu, de l'Institut,
Komaroff, R. Canivet,
A. Hébrard et Jules Simon, de l'Académie française.

BANQUET OFFERT PAR LES REPRÉSENTANTS
DE LA LITTÉRATURE ET DE LA PRESSE RUSSES,
AUX SAVANTS, LITTÉRATEURS, ARTISTES ET
JOURNALISTES FRANÇAIS.

PARIS

ARMAND COLIN ET Cie, ÉDITEURS
Libraires de la Société des Gens de lettres
5, RUE DE MÉZIÈRES, 5

DISCOURS

PRONONCÉS

AU

BANQUET FRANCO-RUSSE DU 26 OCTOBRE 1893

*Il a été tiré de cet ouvrage
vingt-cinq exemplaires numérotés
sur papier à la forme.*

Ces exemplaires sont mis en vente au prix de 3 fr.

28011. — Paris. Imprimerie LAHURE, rue de Fleurus, 9.

DISCOURS

PRONONCÉS

Par MM.

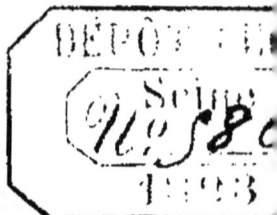

E.-Melchior de Vogüé, de l'Académie française,
Tatistcheff, Souvorine, E. de Roberty, Bonnat, de l'Institut,
Émile Zola, Anatole Leroy-Beaulieu, de l'Institut,
Komaroff, R. Canivet,
A. Hébrard et Jules Simon, de l'Académie française.

BANQUET OFFERT PAR LES REPRÉSENTANTS
DE LA LITTÉRATURE ET DE LA PRESSE RUSSES,
AUX SAVANTS, LITTÉRATEURS, ARTISTES ET
JOURNALISTES FRANÇAIS.

PARIS

ARMAND COLIN ET Cie, ÉDITEURS
Libraires de la Société des Gens de lettres
5, RUE DE MÉZIÈRES, 5

—

1893

PRÉFACE

—

Un résultat semble définitivement acquis à l'histoire de ce temps. La communion intime entre deux grandes nations, l'une assemblant les forces vives de la civilisation occidentale, et l'autre synthétisant l'avenir de l'Orient européen, a pu éclore et se consolider en dehors des voies banales de la politique, des artifices d'une diplomatie surannée.

Un rapprochement intellectuel, littéraire, artistique, en marqua tout d'abord la noble origine. Puis survint une de ces périodes de recueillement et de repos, qui annoncent les germinations puis-

santes et sûres. Enfin, le mouvement reprit pour
ne plus s'arrêter. Il pénétra les masses populaires,
les couches profondes où s'agitent confusément et
s'élaborent les mystérieuses destinées rêvées par
les penseurs. L'esprit de charité, de paix, de fra
ternité universelles descendit sur les foules. On
vit cette chose moins rare qu'on ne croit et toujours admirable : le peuple rendant avec usure à
l'élite sociale, ce que celle-ci se persuadait avoir
placé à fonds perdu, et devenant, à son tour, l'in-
spirateur et le guide des poètes, des savants, des
chercheurs.

Nous fûmes tous les témoins de cette sublime
réaction du cœur des hommes sur leurs cerveaux.
En vérité, nous collaborâmes tous à cette belle
page d'histoire, depuis le plus grand jusqu'au
plus petit, depuis les chefs d'État, les conducteurs
de nations, jusqu'à la vieille femme venue à pied
à Paris, de sa province lointaine, afin de contem-
pler, avant de mourir, les signes précurseurs
d'un avenir plus clément à l'humanité souffrante.

Mais, parmi ces manifestations grandioses ou
touchantes, et à la fin de la superbe série de

fêtes joyeusement baptisée *la semaine des huit dimanches*, se place un épisode intéressant et d'un caractère particulièrement élevé. Nous voulons parler du banquet qui réunit, dans les salons de l'Hôtel Continental, en une fraternelle agape, les plus hautes personnalités scientifiques, littéraires et artistiques de la France, les directeurs des grands journaux parisiens et un certain nombre de savants, de littérateurs, de peintres et de journalistes russes.

L'Académie française, l'Institut de France, tous les partis, toutes les opinions, les vieilles et les nouvelles écoles, avaient répondu avec un égal empressement à l'appel éclectique des organisateurs de cette fête de la pensée. Jamais, de mémoire de Parisien, on n'avait vu une réunion pareille ; et comme le disait le lendemain un journal très répandu : « il avait fallu le prestige vraiment inouï dont jouissent nos hôtes », pour accomplir ce miracle : la rencontre, à la même table, et dans un but manifeste de communion intellectuelle, de tant d'éléments disparates, de ces écrivains, de ces artistes séparés d'ordinaire par les luttes passionnantes de l'idée.

Dans l'intention de ses participants, la brillante
assemblée devait servir à ratifier, pour ainsi dire,
au nom des intérêts les plus précieux de l'humanité, l'étonnant plébiscite émané de la nation entière. Selon une fine remarque du président du
banquet, M. de Vogüé, il était juste que les ouvriers
de la pensée vinssent tirer les conclusions des
événements historiques qui s'étaient déroulés sous
leurs yeux, et dont les ouvriers de la pensée furent
les initiateurs.

Les discours prononcés au banquet du 26 octobre reflètent clairement ce généreux souci.
Quelques-uns sont remarquables, tous sont inté-
ressants. Nous avons donc pensé qu'ils méritaient
mieux que l'existence éphémère ou la sépulture
discrète dans les feuilles volantes qui les repro-
duisirent un peu au hasard de leurs sympathies
personnelles, et, du reste, d'une façon incom-
plète. Nous avons voulu leur assurer la longévité
plus grande de la brochure, sinon du livre. Mais
nous nous garderons d'affaiblir, en les commen-
tant ici, la portée des paroles et des idées que
nous avons cherché à rapporter aussi fidèlement
que possible.

Le lecteur trouvera, à la fin de cet opuscule, une table alphabétique, donnant les noms de tous les assistants (marqués par un astérisque) et de tous les invités de la fête du 26 octobre[1].

P.-S. — Un certain nombre d'invités n'ayant pu, par suite de maladie, d'absence momentanée de Paris, etc., assister en personne au banquet du 26 octobre, écrivirent à M. Souvorine, président du Comité russe d'organisation, de chaleureuses lettres de remerciement dans lesquelles ils déclarent adhérer de tout cœur à

1. Notons toutefois les renseignements suivants puisés dans un journal bien informé : « Le banquet de remerciement et d'adieu du 26 octobre a été donné par cinq écrivains et publicistes russes représentant trois journaux politiques quotidiens, un journal hebdomadaire et une revue littéraire mensuelle : MM. Souvorine (*Novoïe Vrémia*), de Roberty (*Novosti*), Komaroff (*Swiet*), Gaïdebouroff (*Nediéla*) et Tatistcheff (*Messager russe*). Plus de cent invitations avaient été lancées dans le monde des lettres et des arts, sans distinction d'école ni de tendance. L'Académie française avait été conviée au grand complet, et l'Institut dans la personne des présidents et secrétaires perpétuels des quatre autres Académies. Des invitations avaient, en outre, été adressées à vingt-sept directeurs des journaux adhérents au Comité de la Presse pour l'organisation des fêtes franco-russes, ainsi qu'à tous les journalistes parisiens qui ont fait partie du Comité exécutif et de la Commission de réception. M. Pasteur avait accepté la présidence d'honneur du banquet, et M. E.-M. de Vogüé sa présidence effective. »

l'idée généreuse qui avait inspiré cette fête fraternelle
de l'esprit.

Citons ces noms, d'après le « Nouveau Temps »
(*Novoïe Vremia*) et les « Nouvelles » (*Novosti*) de
Saint-Pétersbourg : M. Duruy, qui déplore que son
grand âge et l'état précaire de sa santé ne lui per-
mettent pas de manifester, d'une façon plus active,
ses vives sympathies pour la noble nation russe;
M. le comte d'Haussonville, empêché, par un séjour
en Angleterre, de joindre personnellement son suf-
frage à ceux, si unanimes, de ses confrères de l'Académie française; M. Pierre Loti, forcé de quitter le
jour même la capitale pour reprendre le commande-
ment de son vaisseau; M. Ernest Lavisse, privé, par un
voyage urgent, du plaisir de prendre part à cette fête
de la fraternité intellectuelle, digne conclusion de
l'inoubliable semaine historique vécue par la nation
entière; Alphonse Daudet, envoyant, du fauteuil où le
cloue une cruelle maladie, un toast vibrant au grand
Tolstoï et aux lettres russes; Th. Ribot, le célèbre
psychologue, écrivant à M. de Roberty ses excuses et
ses remerciements pour le grand honneur qui lui est
fait; Sardou, Sarcey et Lemaître, obligés d'assister le
soir même, l'un, à la répétition de sa pièce au Vaude-
ville, et, les autres, à une première au Gymnase, et
exprimant leurs vifs regrets et leurs chaleureuses
sympathies; Catulle Mendès, retenu chez lui par la
maladie et annonçant qu'il communiera d'esprit
avec ses hôtes, car il passera la soirée à lire les

poèmes de Pouchkine et de Lermontoff; Armand Sil-
vestre, envoyant de magnifiques vers composés pour
la circonstance; les poètes Jean Aicard et Paul Déroulède, télégraphiant, le premier de Toulon, et le second
de Villebois-Lavallette, leurs sympathies et leurs vœux
en un superbe langage dont nous regrettons de n'avoir
sous les yeux que la traduction russe; enfin,
Mgr Perraud, MM. Rousse, Maxime Du Camp, Legouvé,
de l'Académie française, Antocolsky, l'illustre sculpteur russe, le baron de Mohrenheim, le général Fréedé-
riksz, etc., s'excusant par des dépêches datées de
Rome, de la Roche-Guyon, de Bade, de Biarritz, de
Toulon.

DISCOURS

1. — Lettre de M. L. Pasteur.

Après les toasts portés, par M. Souvorine, au Président de la République française, et, par M. Sénard, à l'Empereur et à l'Impératrice de Russie, la parole est donnée à M. de Roberty. Après avoir rendu un éloquent hommage à la science française, dont le président d'honneur du banquet, M. Pasteur, est aujourd'hui un des représentants partout admirés, M. de Roberty lit à l'assistance la lettre suivante que lui avait adressée le grand savant :

Monsieur,

Que d'excuses et de regrets j'ai à vous exprimer! J'avais promis avec tant de joie d'être des vôtres, mais j'avais compté sans la défense formelle des médecins. Ils m'imposent parfois de

cruelles privations. Je suis tout attristé du cha-
grin qu'ils me causent aujourd'hui par l'excès
de sollicitude.

Dans cette réunion d'écrivains et de publicistes russes et français, j'aurais voulu entendre
les idées que vous échangerez. J'aurais voulu
applaudir aux paroles qui seront dites sur la part
que l'on doit faire à M. de Vogüé dans le rapprochement de deux grands peuples.

C'est encore aux écrivains russes et français
qu'il appartiendra d'évoquer, à certaines heures, le
souvenir de ces journées radieuses. A travers
l'enthousiasme des foules elles ont provoqué dans
le cœur des jeunes gens une explosion de joie et
de confiance, elles ont permis à des vieillards
comme moi les longs espoirs dans l'avenir.

Quand vous retournerez en Russie, dites à vos
compatriotes que la France vous a fait voir quelque chose qui est au-dessus de tous les specta-
cles, qui dépasse tous les discours : elle vous a
montré son âme.

L. PASTEUR.

2. — Discours de M. E.-M. de Vogüé.

Mes chers confrères de Russie,

Je dois à nos vieilles relations d'amitié l'honneur que vous me faites en me choisissant comme intermédiaire entre vous et mes confrères de France. Je vous en remercie. Mais vous vous trompez en croyant qu'il est besoin aujourd'hui d'un intermédiaire pour mettre des mains russes dans les mains françaises; elles se joignent d'elles-mêmes, si spontanément!

Elle vous trompe aussi, laissez-moi vous le dire, l'idée toute gracieuse que vous avez eue en nous conviant ici : vous pensiez devoir un témoignage de gratitude aux hôtes qui vous ont bien accueillis. C'est nous qui vous devons des remerciements.

Vous nous avez appris à nous connaître nous
mêmes. Vous n'avez pas fait, — elle n'était pas à
faire, — mais vous nous avez découvert l'unité
foncière qui persiste sous nos divisions de surface.
Vos historiens appellent vos anciens tsars « les
rassembleurs de la terre russe ». Vous avez ras-
semblé le cœur français. Vous avez fait des miracles.
Mme de Staël disait qu'un désir russe mettrait le
feu à une ville. Votre désir d'amitié a mis le feu
à Paris, à la France entière : un feu bienfaisant,
qui ne brûle rien, qui éclaire, réchauffe et réunit
autour du foyer commun. Les dissensions politiques n'existent plus depuis que vous êtes parmi
nous, c'est entendu ; mais vous allez voir bien plus
fort ; vous verrez tout à l'heure qu'autour de cette
table de littérateurs et d'artistes, il n'y aura plus
de querelles d'écoles, de systèmes, de cénacles :
nous serons tous d'accord sur une même esthé-
tique, sur un même idéal. Vous n'en croyez rien,
n'est-ce pas? Je vous assure que tout vous est
possible. Vive le réactif russe! Il suffira bientôt de
mettre un Russe en tiers dans un ménage troublé
pour que la paix y renaisse par enchantement.

Vous intervertissez les rôles en nous remerciant.

Où vous ne vous êtes pas trompés, c'est dans l'idée si juste et si fine que les ouvriers de la pensée devaient tirer les conclusions des événements historiques auxquels nous assistons, et dont les ouvriers de la pensée furent les initiateurs. Oui, mes chers amis, vous l'aviez compris depuis longtemps, et on l'avait compris chez nous : entre deux races d'imagination et de sentiment, les liens tissés par les diplomates devaient rester frêles et inefficaces, tant que ces deux races ne se seraient point pénétrées par l'intelligence et le cœur, tant qu'elles n'auraient pas appris à se mieux connaître pour se mieux aimer. C'était le thème de nos entretiens, dans ces années déjà anciennes où, avec vous, avec les absents, avec ceux qui se sont endormis sans voir lever la moisson, Aksakoff, Katkoff, et tant d'autres, nous échangions des espérances qu'on taxait alors de chimériques.

Vous ne nous connaissiez pas à fond, malgré l'éducation française donnée depuis deux siècles à vos hautes classes; et nous ne vous connaissions pas du tout. Je me rappelle une conversation de cet effréné Dostoïewsky, un soir qu'il tonnait contre les abominations de la civilisation occiden-

tale et contre Paris, la grande Babylone. L'ombilic
de l'horrible Babylone, c'était pour lui le café
Anglais ; il foudroyait cet établissement avec l'élo-
quence d'un prophète ; il disait comment on le
verrait s'effondrer un jour dans les flammes,
tandis qu'une main vengeresse tracerait sur le
mur les trois mots fatidiques : Mané, Thécel,
Pharès. Vous avez peut-être pénétré dans cet antre,
vous ne l'avez pas trouvé si terrible ; la main de
feu n'a pas encore réalisé la prophétie de Dostoïewsky ; seuls, les diamants continuent de graver
sur les vitres des noms qui n'offrent rien d'effrayant.

Chez nous, l'ignorance était pire. Un cosaque
assis sur un bloc de glace, c'était toute la Russie
pour beaucoup de braves gens. Et l'on n'aime pas
un cosaque assis sur un bloc de glace ; et, en
France comme en Russie, ce que l'on n'aime pas
ne compte point. J'ai toujours présent un mot qui
me frappa, il y a quinze ans, dans un cercle de
notabilités littéraires, où je donnais timidement
quelques détails sur le pays d'où je revenais.
Une voix très autorisée alors m'interrompit
avec ce bref jugement : « La Russie, cela me
représente quelque chose de très loin, de très

froid, de très noir ». Et l'on passa à d'autres sujets. — Aujourd'hui, la Russie est toujours loin, sur la carte : j'imagine qu'il y fait toujours froid en hiver; mais ce n'est plus très noir; c'est en pleine lumière.

La lumière s'est faite d'abord dans quelques ateliers de travailleurs, curieux de tout, comme on l'est à notre époque. Bientôt elle a été reflétée pour les masses par le grand miroir, la presse. Je n'ai pas l'habitude de flatter la presse; je la crois également puissante pour le bien et pour le mal. Mais il faut convenir que la nôtre a offert un phénomène unique dans l'histoire : cette presse si divisée, si mobile, si jalouse de ses opinions particulières sur tout le reste, elle a été admirable de sagesse, d'accord unanime, d'obstination patiente dans la poursuite d'un même dessein. Elle a lentement créé l'image qui est entrée dans les yeux de notre peuple. Vos grands écrivains l'ont aidée; ils ont produit des œuvres russes qui étaient des œuvres humaines, au plus large sens du mot, puisqu'elles ont cheminé dans tout l'univers, puisqu'elles sont descendues au fond de toutes les intelligences. Je n'ai pas besoin de rappeler des noms familiers aujourd'hui à toutes les mémoires.

L'image de la Russie est désormais fixée dans le cœur de notre peuple. La détruire ou l'en arracher, ce n'est plus au pouvoir de personne. Image déformée sans doute, un peu sommaire et inexacte; le peuple, ce grand optimiste, ne veut connaître que vos qualités; vous avez peut-être de petits défauts, il les ignore. Le peuple a raison contre nos réserves, comme ses légendes ont raison contre notre critique; il discerne d'instinct les traits caractéristiques, essentiels, d'une figure; il ne retient de la vôtre que la bonté, la pitié, la vaillance; il a raison.

Vous l'avez vu, notre peuple, durant cette semaine inoubliable. Certes, nous sommes fiers de vous montrer ici quelques-uns de ceux qui marquent dans l'élite de la nation. Et, souffrez que je le dise avec quelque orgueil, si large que soit votre table hospitalière, si large que soit votre grand cœur russe, aucune table ne suffirait pour réunir et votre cœur ne pourrait pas embrasser tous ceux qui exercent avec éclat, dans notre pays de France, le gouvernement des choses de l'esprit. Puisque vous m'avez annexé ce soir, mes amis, laissez-moi vous prier de redire à tous, là-bas, que la France pense, travaille, en un mot qu'elle se continue. Mais avant tout et surtout nous sommes fiers de vous montrer notre peuple. Il a surpassé votre attente et la nôtre.

Que de fois, mes chers confrères, vous m'avez dit de lui, au cours de ces journées : « Voilà votre force, votre vertu, votre beauté ». Vous me le disiez l'autre soir, mon cher Souvorine, à l'Hôtel de Ville, devant ces masses humaines immobiles au fond de la vieille Grève, comme vos forêts de bouleaux avant le frisson du vent : et l'on sentait si bien qu'il eût suffi d'une parole pour déchaîner le grand frisson dans la forêt, pour entraîner ces masses à tout ce qu'il y a de meilleur et de plus noble! Et quand elles rompirent le cordon des gardes, quand elles vinrent battre d'une vague irrésistible le pied de l'estrade où elles acclamaient la Russie, vous me l'avez redit : « Voilà votre force, voilà votre beauté ».

Vous l'avez dit plus sûrement encore, trois

jours après, quand ce peuple joyeux, transformé
soudain, grave et recueilli, suivait vos marins,
confondus avec nos soldats, derrière le cercueil
de l'homme qui emportait dans la tombe un demi-
siècle de nos gloires et de nos malheurs. Chacun
comprenait si bien qu'une puissance mystérieuse
était intervenue pour grandir encore ces événements, pour sceller d'en haut l'alliance des cœurs
avec l'auguste sceau de la mort ; de la mort que
nos savants nous montrent ouvrière de résurrec-
tion et de vie! Ah! ce n'était pas là ce qu'on
nomme dédaigneusement la foule : c'était un
peuple de Michelet et de Hugo, vous diriez : de
Pouchkine et de Tolstoï ; un peuple épique, con-
scient de l'histoire qu'il fait.

Quelle matière pour le philosophe, l'historien,
le poète, quand ces visions apparaîtront dans le
recul du temps, plus amples et mieux détachées!
Appelons de tous nos vœux les élus de l'art qui
sauront les fixer, en Russie et en France. C'est à
leur venue que je vous proposerai de boire. Mais
auparavant, mes chers confrères français, permettez-moi d'adresser encore deux mots plus in-
times à nos amis russes.

M. de Vogüé continue en langue russe, avant de porter le toast suivant :

Mes chers confrères de Russie et de France, je vais boire à une lutte, après tant de toasts où l'on a dignement célébré la paix : je vais boire à une lutte acharnée entre le génie russe et le génie français; à une lutte où l'un fécondera l'autre. Le vôtre, avec la jeune poussée de sève des terres vierges; le nôtre, avec sa vieille sagesse, son long travail de l'intelligence sur elle-même. Puissent-ils enfanter à eux deux une de ces formes de la civilisation, qui se renouvellent sans cesse, l'ère franco-russe, faite de raison et de poésie, de réel et d'idéal! Puissent leurs représentants occuper les plus belles places à prendre, dans l'Europe de demain, pour les laborieux et les inspirés! Puissent nos deux pays saisir et garder de concert la vraie domination qui courbe le monde, la domination de la pensée! Je bois à l'avenir du génie russe et du génie français!

3. — Discours de M. Serge Tatistcheff.

MESSIEURS,

Après le magnifique langage que nous venons d'entendre et dont les accents éloquents, traversant les espaces, iront retentir jusque dans les coins les plus reculés de la Russie recueillie et attentive, j'aurais hésité à prendre la parole si je n'avais à remplir un devoir de reconnaissance. Humbles soldats de la pensée russe, mes confrères et moi nous sommes heureux et fiers de voir réunis autour de cette table l'élite intellectuelle de la France, et c'est du fond de l'âme que nous vous remercions du grand honneur que vous nous faites en répondant à notre appel et en venant consacrer par votre présence ici l'union désormais indissoluble de nos deux pays.

M. de Vogüé nous a dit avec l'autorité qui lui
appartient comment cette union a été préparée par
le mouvement littéraire qui s'est produit simul-
tanément dans les deux pays, écartant les malen-
tendus, triomphant des obstacles, éclairant les
voies de la politique, opposant aux erreurs et aux
préjugés de l'ignorance la science et la conscience
de la vérité. Il a prononcé tout à l'heure les noms
vénérés d'Aksakoff et de Katkoff. Souffrez qu'en
me ralliant de tout cœur à ses conclusions si flat-
teuses pour mon pays, je paye ici notre tribut
d'admiration et de gratitude aux vaillants explo-
rateurs français qui, en s'appropriant notre langue,
en venant nous étudier chez nous, ont arraché le
voile qui pendant des siècles cachait la Russie à
la France, à l'Europe entière! Honneur à ces infa-
tigables travailleurs, à ces ouvriers persévérants
de la grande œuvre! Ce que nous recueillons ici,
c'est eux qui l'ont semé.

Honneur à M. Anatole Leroy-Beaulieu, qui a fait
une étude si approfondie de nos institutions, de
nos lois, de nos mœurs, de tout notre état social;
à M. Alfred Rambaud, qui a tracé un tableau si
magistral de notre histoire; à M. Louis Léger, qui

voue, depuis bien des années, tous ses efforts à la propagation de notre langue parmi la jeunesse française. Quant à celui qui a révélé à la France l'âme même de la Russie en lui donnant sur la littérature russe de merveilleuses échappées, j'ose l'assurer — dussé-je faire violence à sa modestie — que la Russie lettrée prononce avec amour et reconnaissance le nom aimé et vénéré d'Eugène-Melchior de Vogüé.

Cet hommage rendu au maître éminent qui nous préside et qui, en sa triple qualité de lettré, d'artiste et de penseur, résume et personnifie d'une manière si complète l'alliance intellectuelle de nos deux pays, qu'il me soit permis, messieurs, de lever mon verre en l'honneur de la France littéraire et artistique dont je salue en vous les représentants autorisés et respectés. Votre noble, votre grande nation, qui a si longtemps porté le titre de fille aînée de l'Église, est et restera toujours la fille aînée de l'humanité. Elle apparaît à nos regards éblouis comme un vaste foyer de lumière allumé par la main de Dieu pour rayonner sur le monde, l'éclairer, le réchauffer, le vivifier !

Messieurs, je bois au génie de la France fécon-
dant les lettres et les arts! Je bois à la France
immortelle!

4. — Discours de M. A. Souvorine.

MESSIEURS,

Mes confrères russes et moi, nous nous estimons très heureux de voir répondre à notre invitation les éminents représentants de la science, des lettres et de l'art français.

Nous ne sommes qu'une goutte d'eau dans l'immense océan du peuple russe et nous comprenons fort bien que ce qui nous vaut votre présence, c'est la sympathie qui vous anime pour tout ce qu'il y a de noble et d'élevé dans l'idée de l'alliance fraternelle entre deux grands peuples, de cette alliance d'esprit et de cœur scellée et consacrée encore davantage par ces fêtes merveilleuses, ces jours de joie et de bonheur.

Nous vous saluons et nous vous remercions du
fond du cœur. Nous remercions même ceux qui
n'acceptent pas sans réserve l'idée de cette union,
et qui apportent l'esprit de critique dans leurs
appréciations sur la Russie et les Russes, car si,
d'un côté, nous sommes conscients des progrès
accomplis par la science, les lettres et l'art russes
dans ces quarante dernières années, nous ne nous
dissimulons pas, d'autre part, qu'il nous reste
un grand travail à faire, et qui demande l'appli-
cation de toutes nos forces nationales.

Mais notre peuple est encore jeune, et celui qui
a la jeunesse possède aussi l'avenir! Je crois fer-
mement que le peuple russe vous rendra, par son
énergie, par son travail, par son génie, — ne fût-ce
qu'en partie, — ces dons précieux de la science,
des lettres et de l'art qu'il tient de votre belle
France.

Oui, messieurs, je le crois de tout mon cœur
russe, et voilà pourquoi j'ai contemplé ces fêtes
avec joie et espérance. Un commencement a déjà
été fait par nos grands écrivains : Tourguéneff,
Dostoïewsky, Tolstoï, ceux qu'un de vos critiques
appelle des écrivains *francisés*.

Jusqu'ici je n'ai rien dit de la presse. La presse, ce n'est ni les lettres, ni les sciences, ni les arts, mais c'est un peu de tout cela et de fort important. Sans la presse, lettrés, savants, artistes ne seraient jamais parvenus à exercer sur le peuple leur influence bienfaisante.

Nous autres, journalistes russes, nous sommes particulièrement reconnaissants à nos confrères français pour leur accueil chaud et cordial, pour leur magnifique hospitalité.

Merci, messieurs, merci à tous, grands et petits, merci à vos femmes, à vos filles, à vos mères, à vos enfants même qui, dans leur pureté et sincérité, crièrent : Vive la Russie !

Je bois à la prospérité et à la force de la France, si nécessaire pour le monde entier ; je bois à tous les Français, n'importe où ils se trouvent, en France ou ailleurs ; je bois aux heureux et aux malheureux, à ceux qui rêvent à leur mère chérie, la France, à ceux qui croient de toute leur âme à la grandeur et à l'unité de tous les Français. Vive la France !

5. — Discours de M. E. de Roberty.

•

Messieurs, mes chers confrères,

Je n'ai pas la pensée présomptueuse de suffire à la tâche que nécessiterait une réponse digne des paroles éloquentes prononcées avant les miennes.

Je ne puis que dire ici quelle foi nous autres, écrivains et savants russes, nous avons dans le génie de la France et combien nous demeurons redevables à sa mentalité lumineuse pour ce qu'elle nous donna, aux époques précédentes, en celle-ci, de sa science, de sa littérature, de ses philosophies.

On l'a dit souvent, et avec vérité, nous sommes beaucoup les fils spirituels de votre dix-huitième

siècle, de ces encyclopédistes qui remuèrent tant
d'idées et renouvelèrent les méthodes du raisonne-
ment. Pétersbourg les reçut jadis à bras ouverts,
et bien avant que nos pavillons fussent unis par
les couleurs et les armoiries, nos cerveaux déjà
étaient parents.

C'est l'honneur de mes modestes travaux de les
avoir entrepris, comme tant de mes compatriotes,
comme mon illustre ami Élie Metchnikoff que je
vois au milieu de nous, aux côtés de quelques-
uns des plus glorieux parmi vos savants. Un de
vos plus grands philosophes ne fut-il pas également l'initiateur, dans le temple de la pensée
nouvelle, en Russie comme partout en Europe,
d'une foule d'intelligences? Je me féliciterai toujours aussi d'avoir compté parmi vos amis les
plus anciens, puisque ce motif m'a valu de repré-
senter aujourd'hui un organe de l'opinion qui depuis ses origines et le plus nettement, manifesta
en faveur de la France l'admiration et le dévoue-
ment que la reconnaissance de mon esprit avait
voués, dès ma jeunesse, à votre nation.

Nous venons, les uns en assistants sympathiques, les autres en acteurs convaincus, d'applaudir à un spectacle d'une grandeur très réelle, non seulement à cause des formes touchantes revêtues par le sentiment populaire, mais encore et surtout pour deux raisons que je veux vous dire.

A l'intelligence la plus spéculative il ne saurait, d'abord, déplaire de constater, chez les peuples, cet entrain superbe, cet élan joyeux vers les alliances de paix, ce grand désir d'amour universel où s'unifient les cœurs les plus hauts avec les plus humbles.

Et, d'autre part, messieurs, une telle extension de la fraternité humaine ne saurait-elle pas nous émouvoir ainsi que l'expérience décisive qui récompense, après bien des veilles et des recherches, le savant assidu à son œuvre?

En dehors des faits matériels, la plus importante des conquêtes du siècle est, sans contredit, l'instauration de la sociologie, cette science de l'harmonie humaine qui renferme aussi celle de la morale.

Si la sociologie se trouvait prête à offrir, à l'heure présente, une discipline définitive, nous n'eussions pas acclamé dans les rues l'union franco-russe seulement, mais l'union universelle des hommes. Car rien ne résiste à la force de la science.

Malheureusement, nous avons à secouer le lourd manteau d'ignorance et d'incertitude tissé sur nos têtes par vingt siècles de traditions empiriques. Un travail sourd s'accomplit cependant d'une façon lente dans les esprits. Et les préjugés commencent à se dissiper comme des vapeurs devant la venue d'un soleil pressenti.

Tenez, messieurs, entre tant d'erreurs, celle-ci va disparaître. On avait cru et dit à tort que, seule, l'association des peuples cultivés dans une mesure équivalente, était utile et désirable. Le fondateur de la sociologie, A. Comte lui-même, avait accueilli cette vue profondément arbitraire. Il souhaitait les États-Unis de l'Europe sans que rien de l'Orient y fût associé. La vraie conquête de l'esprit d'altruisme me paraît, au contraire, être promise plutôt à ceux qui donnent parce

qu'ils sont riches, qu'à ceux qui prétendent
échanger des valeurs égales.

Messieurs, vous nous permettrez d'apporter à
votre République des lettres le salut d'une presse
monarchiste en ceci qu'elle se déclare heureuse
de reconnaître la souveraineté de la science, et de
la servir fidèlement. Je bois au savoir humain,
à la science internationale, à ses représentants
français!

3

6. — Discours de M. Bonnat.

Messieurs,

Au nom des artistes, non seulement de ceux qui sont ici, mais au nom de tous les artistes français, je bois aux artistes russes.

Je bois, mes chers confrères du Nord, à votre illustre doyen, notre vénérable ami M. Bogoluboff. Je bois à Makowski. Je bois à Werestchaguine, l'ami de Skobeleff, que je regrette de ne pas voir ici au milieu de nous. Je bois à votre grand sculpteur, à Antokolsky. Je bois, enfin, à tous ceux des vôtres dont l'art est la passion et la vie.

Messieurs,

Avant-hier, après le dîner que l'amiral Avellan

nous avait fait l'honneur d'accepter au Cercle, je
me rendais à la soirée de gala de l'Opéra. Des
officiers russes m'avaient gracieusement offert
une place dans leur landau. Grâce à eux j'ai vu
là un spectacle inouï. Jamais je n'oublierai
l'enthousiasme de la foule sur le parcours du
cortège. C'est indescriptible. Mais ce qui m'a le
plus vivement frappé, c'est le fait suivant.

Au moment où nous approchions de l'Opéra,
où les sergents étaient impuissants à maintenir
la foule, et où les cris mille fois répétés de « Vive
la Russie ! » étaient le plus intenses, un homme,
vieux, à fortes moustaches, habillé comme un
ouvrier le dimanche, probablement un ancien
soldat, fend la foule, détache un petit bout de
ruban rouge qu'il portait à la boutonnière, et se
précipitant vers la voiture, crie aux officiers :
« Tenez, prenez !... C'est ce que j'ai de plus noble
et de plus précieux à vous offrir ! » L'officier l'a
pris, le petit bout de ruban rouge, l'a embrassé,
et l'a attaché sur sa poitrine... là, à gauche.

Nous étions tous profondément émus ! Eh bien,
messieurs les artistes russes, c'est avec une émo-

tion tout aussi vive que nous, les artistes français, nous vous offrons ce que nous avons de plus noble et de plus précieux, notre amitié, notre amitié fraternelle et inaltérable.

Messieurs, je lève mon verre à tous ceux, en Russie, dont le cœur vibre à la sensation du Beau et de l'Idéal.

7. — Discours de M. Émile Zola.

Messieurs,

Au nom de la Société des gens de lettres, que je représente ici, je porte une santé à la presse russe, à la littérature russe ; et c'est pour moi un grand honneur et une grande joie.

L'esprit souffle par-dessus les frontières, ce sont les œuvres des écrivains de génie, échangées entre les peuples, qui sont les messagères de la paix et les avant-coureuses des solides alliances. On a pu dire avec justesse que ce grand baiser fraternel entre la Russie et la France, auquel nous venons d'assister, a été préparé par des années de mutuelle sympathie littéraire. La litté-

rature française avait envoyé ses ambassadeurs,
Balzac et Hugo, et la littérature russe a répondu
en nous envoyant les siens, Tourguénef, Dostoïewsky et Tolstoï. Ils ont ému les cœurs, rap-
proché les intelligences, et il faut bien que la littérature soit de ces fêtes, puisqu'elle a travaillé la
première à l'œuvre de fraternité.

Messieurs, l'œuvre doit même être continuée et
élargie. Au-dessus de l'alliance entre deux peuples,
il y a l'alliance entre tous les peuples. C'est un
rêve sans doute. Mais pourquoi ne pas le rêver?
Pourquoi ne pas espérer dans ce grand courant
de bonté humaine qui se déclare, et pourquoi ne
pas confier la cause aux écrivains, à ces voix
puissantes qui volent d'une nation à l'autre, en
trouvant un écho dans toutes les âmes, en fai-
sant de toute l'humanité souffrante une même
famille.

Je bois donc à la littérature russe, à la presse
russe, la plus sympathique, la plus hospitalière
aux écrivains français ; et, personnellement,
accueilli chez elle et réconforté aux heures
difficiles de mon existence, lorsque mon pays

lui-même m'était sévère, j'ai une vieille dette de gratitude que je suis bien heureux de payer ici.

Et je bois, messieurs, à l'universelle littérature, à la patrie commune !

8. — Discours de M. A. Leroy-Beaulieu.

MESSIEURS,

Permettez-moi d'offrir à nos hôtes, aux représentants de la littérature et de la presse russes, les remerciements et les vœux de ceux d'entre nous, Français, que j'appellerai les précurseurs.

Nous sommes quelques-uns ici, — M. Tatistcheff a bien voulu le rappeler, — qui pouvons nous dire les ouvriers de la première heure, tel que mon ami M. Louis Léger, professeur au Collège de France, tel que mon ami Alfred Rambaud, professeur à la Sorbonne, dont nous regrettons l'absence involontaire. Voici déjà plus de vingt ans que nous travaillons à tourner les yeux de la France vers la Russie et vers cette grande et

noble race slave dont la Russie se fait gloire d'être
le porte-drapeau.

Et ce que vous ne saviez peut-être pas, Messieurs
de la presse russe, nos sympathies pour votre
terre slave ne datent pas seulement du jour où
notre patriotisme français a pu avoir intérêt à
rechercher votre amitié. Elles remontent en réa-
lité plus haut. Notre jeunesse — nous étions jeunes
alors — se sentait attirée vers vous par je ne
sais quel aimant. Il y avait, dans vos steppes et
vos forêts, comme un mystère qui sollicitait notre
imagination. Nous rêvions déjà d'arracher, à votre
lointaine Russie, le voile d'Orientale qui la
cachait à nos yeux.

Pour ma part, j'allais me rendre à Moscou, en
juillet 1870, lorsque éclata la guerre qui pèse
encore sur l'Europe. Un an ou deux plus tard, en
1872, je m'entretenais, avec le directeur d'une
de nos grandes Revues, des moyens de restituer à
notre chère France sa place légitime en Europe.
Nous parlions de la Russie. Comme les hommes
de la génération qui nous a précédés, mon inter-
locuteur n'était pas sans quelque préjugé à votre

endroit. « Allez voir ce qu'est cette vaste Russie, me dit-il en manière de conclusion, et regardez bien, sous l'écorce, ce que vaut le cœur de l'arbre ! » Je partis, j'allai chez vous, et, sans m'arrêter à l'écorce, je n'eus pas de peine à découvrir que le cœur du chêne était sain.

Vous l'avouerai-je ? messieurs, je m'efforçai de gratter le Russe, et, en dépit d'un mot trop fameux, j'eus beau gratter, je ne découvris pas le Tartare. Je trouvai le Slave, le Slave chrétien, notre frère d'Orient, coupé de l'Europe par l'invasion mongole durant des siècles et ramené à l'Europe par Pierre le Grand et ses successeurs.

Le Slave, messieurs, le Slave russe surtout, espoir de la race, nous avons, mes amis et moi, cherché à le faire connaître, le décrivant tel que le voyaient nos yeux, tel que vous voulez être vus, sans flatterie, ne vous ménageant, au besoin, ni la vérité ni les vérités.

Et notre sympathie, nous sommes de ceux qui vous l'ont témoignée aux heures difficiles, lors de cette dure guerre de Bulgarie, aux jours d'isolement — que vous avez traversés, vous aussi, — quand, d'un bout de l'Europe à l'autre, Pétersbourg et Moscou étaient partout mis en suspicion. Nous avons été presque les seuls, en Occident, à défendre hautement, la plume en main, la généreuse politique de l'empereur Alexandre II, du tsar deux fois libérateur, émancipateur du serf russe et du raïah chrétien.

Messieurs, puisque à table il est d'usage de terminer par un toast, je vous en proposerai un auquel, Russes ou Français, vous vous associerez tous : Aux Slaves ! messieurs — au génie et à l'âme slaves ! — aux peuples slaves, grands et petits ! à leur entente fraternelle, pour la paix et pour la liberté de l'Europe !

9. — Discours de M. Komaroff.

MESSIEURS,

Un jour radieux est toujours précédé d'une aurore radieuse! Les merveilleuses journées que nous venons de vivre ont eu aussi leurs symptômes précurseurs! Elles ont été préparées par le travail pénible, opiniâtre, de beaucoup de gens de talent. Ces « ouvriers de la première heure » ne doivent jamais être oubliés. Vous avez déjà nommé MM. Louis Léger, de Vogüé, Alfred Rambaud, je compléterai cette liste en y ajoutant le nom de Paul Déroulède, qui, par ses *Chants du soldat*, si pleins de haute poésie et de patriotisme, a agi d'une façon directe, profonde, sur les cœurs russes en les attirant vers la France.

Je nommerai également la très gracieuse Mme Adam, directrice de la *Nouvelle Revue*, qui depuis bon nombre d'années nous a consacré son labeur, son talent, son temps, et qui a donné plus encore, au profit de l'union des deux peuples, tout son cœur! La femme russe, sensible à tout ce qui est bon et grand, à tout ce qui est beau et élevé, voyant les efforts de la Française, s'est associée de toute son âme à l'œuvre de l'éloquente propagatrice. Notre tâche, de la sorte, s'est considérablement élargie.

Durant de longues années, tous ces ouvriers de la première heure ne furent, pour ainsi dire, que des solistes dans l'admirable et grandiose orchestre de la Presse française, qui actuellement nous fait entendre tant de « motifs » qui nous sont chers, qui réjouissent le cœur et qui élèvent l'âme!

Je porte un toast à la prospérité de la Presse française!

10. — Adresse de la Presse pétersbourgeoise à la Presse parisienne.

M. Raoul Canivet donne lecture de la dépêche suivante, signée par vingt et un directeurs de journaux russes et qui lui est adressée de Saint-Pétersbourg par M. Notovitch, directeur des *Novosti* :

MESSIEURS ET CHERS CONFRÈRES,

La Presse non-officielle de Saint-Pétersbourg n'a pas cru pouvoir borner à un simple télégramme de félicitation ce qu'elle éprouve le besoin de vous dire en présence de l'énergique initiative prise par vous à la première annonce de la visite d'une escadre russe à Toulon. Autant que vous, nous nous rendons parfaitement compte de la portée immense de cette manifestation pacifique.

4

L'heure est solennelle et il nous semble qu'elle est propice pour établir une fraternelle communion d'idées et de vues entre les organes de l'opinion publique des deux pays dont les sympathies mutuelles s'affirment, une seconde fois, avec tant d'éclat. Voilà pourquoi nous vous apportons aujourd'hui l'expression réitérée de nos plus chaudes sympathies. L'unanimité que vous avez montrée en vous plaçant à la tête du mouvement national nous est garante de la sûreté du coup d'œil que vous mettez à apprécier la situation.

D'accord avec nous, vous saluez dans l'arrivée en France des marins russes l'affirmation de l'alliance de deux peuples qui ne cherchent à faire de leurs forces matérielles et morales qu'une garantie sûre de leurs droits et de leurs intérêts.

La fraternelle solidarité de la France et de la Russie vient de s'affirmer aux yeux du monde entier, comme la caution la plus ferme de la paix européenne.

Et puisque vous avez été les premiers à le

faire comprendre en France, nous tenons, Messieurs et chers confrères, à vous en remercier de tout cœur, en vous priant de croire qu'en ceci nous ne sommes qu'un écho fidèle de l'opinion publique russe.

M. Canivet porte ensuite un toast chaleureusement applaudi aux hommes de lettres et journalistes russes présents : MM. Souvorine, de Roberty, Tatistcheff, Gaïdebouroff, Nemirowitch-Dantchenko, Komaroff.

11. — Discours de M. Hébrard.

MESSIEURS,

La Presse a reçu tout à l'heure des éloges sortis tour à tour d'une bouche russe et d'une bouche française. Ces éloges, elle ne peut les accepter qu'à moitié, car, si elle est quelquefois puissante dans les sujets frivoles, elle ne l'est dans les sujets sérieux qu'à la condition d'interpréter les sentiments de la foule.

C'est cette foule qui, pendant ces journées inoubliables, a été sa véritable muse. Vous l'avez vue au milieu de ces fêtes, joyeuse comme un enfant et sage comme un diplomate. Vous avez vu, devant l'Europe émue ou déconcertée, le tsar, qui incarne son peuple, acclamé par une nation qui incarne son gouvernement.

Dans ces délicieuses et historiques fiançailles de la France et de la Russie, on a vu pour la première fois l'amour entrer dans la politique. On ne peut pas lui marchander sa place; souhaitons qu'il y demeure toujours, et ainsi, le siècle qui va s'ouvrir pourra, mon cher Souvorine, s'appeler du nom de votre journal : *le Nouveau Temps.*

12. — Discours de M. Jules Simon.

MESSIEURS,

Je vous propose d'adresser nos vœux et nos plus cordiales sympathies aux amis d'hier qui viennent de nous quitter, et à nos amis de toujours, les écrivains et journalistes russes, qui restent au milieu de nous, et que nous sommes habitués depuis longtemps à considérer comme des membres de la famille.

Les marins dont nous avons reçu la visite appartiennent à cette armée intrépide qui, par sa solidité dans la résistance, son impétuosité dans l'attaque et ses sentiments chevaleresques, a su mériter l'admiration même de ses adversaires. Nous ne les avons reçus et acclamés, ni comme

soldats, ni comme futurs compagnons d'armes;
nous n'avons vu en eux, nous ne voulons voir
que des messagers et des garants de la paix. La
paix est l'aspiration universelle de nos cœurs;
c'est elle que nous venons de célébrer d'un commun accord, dans nos fêtes franco-russes à Toulon
et à Cronstadt.

J'espère, je sais que vos marins sont contents
de l'accueil que la France leur a fait. Je ne parle
pas de la splendeur des fêtes. Cela n'est rien. Ce
qui est vraiment grand, ce qui restera dans
l'histoire, c'est l'amitié des deux peuples. L'échange
de tels sentiments vaut mieux que tous les pro-
tocoles diplomatiques pour cimenter l'alliance de
deux peuples.

Pour la première fois, depuis la fédération de
1790, la France n'a eu qu'un seul cœur. On a dit,
on répétait ici tout à l'heure que cette unanimité
serait peut-être durable. N'en croyez rien. Les
passions, les colères un moment effacées revien-
nent déjà au galop pour reprendre leurs positions
avant qu'on ait fait disparaître les drapeaux, et
quand nos rues sont encore jonchées de fleurs.

Les animosités n'ont pas disparu, mais elles se sont effacées momentanément devant le grand sentiment de l'intérêt national. Ce spectacle nous donne la joie de croire que, si jamais l'indépendance du pays était menacée, il retrouverait la même unanimité avec la même ardeur.

Vos marins diront qu'ils ont trouvé chez nous ce souffle puissant de patriotisme, cet amour profond de la paix, et ce gouvernement de soi-même qui garde le respect de toutes les convenances jusque dans l'enivrement des fêtes. Vous nous rendrez le même témoignage. La Russie et la France n'ont pas seulement le même intérêt, elles ont le même cœur. Elles ne veulent combattre que dans les luttes pacifiques de l'intelligence.

Je voudrais être en ce moment à Constantinople, et suivre à travers l'espace les deux grands courants civilisateurs du monde : l'un qui porte la civilisation romaine jusqu'à Paris où elle trouve son complet épanouissement ; l'autre qui porte jusqu'à Moscou et Saint-Pétersbourg la civilisation byzantine, avec ses formes hiératiques, et ses arts tour à tour majestueux et délicats. Une évolution historique met aujourd'hui ces deux civilisations face à face. Nous vous avons déjà appris, messieurs, tous les secrets de la civilisation occidentale : apprenez-nous maintenant la vôtre ; et que les deux mondes longtemps divisés s'éclairent et se pénètrent pour la gloire des deux peuples et le bonheur de l'humanité !

TABLE ALPHABÉTIQUE DES NOMS [1]

* Adam (Paul).
Aicard (Jean).
Antoine (A).
Antocolsky (Marc).
Audiffret-Pasquier (Duc d').
Aumale (Duc d').
* Bauer (Henri).
* Becque (Henri).
Behr (de).
* Bernstamm.
Berthelot.
Bertrand (J.).
* Bertrand (Eugène).
* Blum (Ernest).
* Bogoliouboff.
* Boissier (Gaston).
* Bonnat (L.).
* Bornier (H. de).

* Boutmy (E.).
* Brière.
* Broglie (Duc de).
* Brunetière (F.).
* Calmette (Gaston).
* Canivet (Raoul).
Carré (M.-A.).
Carvalho (L.).
Cassagnac (Paul de).
* Cavalier (R.).
* Cazet.
Challemel-Lacour.
* Charlot.
Cherbuliez (V.).
* Claretie (Jules).
* Coppée (François).
* Corvin (P. de).
Curel (F. de).

1. Les noms des assistants au banquet du 26 octobre sont désignés par un astérisque.

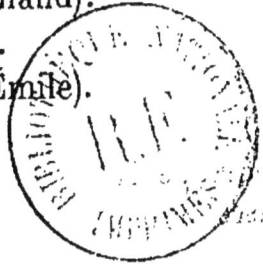

TABLE

28011. — Imprimerie Lahure, rue de Fleurus, 9, Paris.

.

www.ingramcontent.com/pod-product-compliance
Lightning Source LLC
Chambersburg PA
CBHW070934280326
41934CB00009B/1870